Hands of Clay

Hands of Clay

Márcia Marques-Rambourg

LEAKY BOOT PRESS

Hands of Clay
by Márcia Marques-Rambourg

First published in 2015 by
Leaky Boot Press
http://www.leakyboot.com

Copyright © 2015 Márcia Marques-Rambourg
All rights reserved

No part of this book may be reproduced or transmitted in any form or by any means, electronic, mechanical, photocopying, recording, or otherwise, without prior written permission of the author.

ISBN: 978-1-909849-18-1

Contents

Hands of Clay ou l'argile des mots,
    l'absence et l'exaltation / Félix Terrones   13

Hands of Clay or the clay of words,
    absence and exaltation / Félix Terrones   17

Hands

L'huile	23
Mother's hands	24
Femme voûtée à table	25
Décor	26
Elephants	27
Note	28
Feuille	29
Carnet	30
Mer	31
Silence	32
Pair	33
Tentacles	34
Work	35
River	37

Uterus

Woman & son lying on the floor	41
Feuilles	42
Viscères	43
Le temps manuel	44
L'amour humain est si humain	45
Amour, je t'ai vaincu !	46
De trop	47

Les plaisirs de la fin	48
Absence	49
Dans le ventre de la mémoire	50
Mes villes	51
Son	52
Ligne	53
White room	55
Parce que c'est un Monde	56
Memory of scars	58
La route	59
L'ouïe	60
Ventre	61
Love is a wall	63
Musique seule	64

The eyes

Autre	67
The Photographer	68
L'habitant de l'Arbre	69
L'enfant qui passe	70
Paysage	72
Or	73
Skin	74
L'âme	75
Expression	76
Forgive me	77
Point de fuite	78
Train	79
Sel	80
This is not just a photograph	82
Terre fuyante	83
Child	84
Enveloppe	85

Pour Hugo

"(...) Le vrai commencement de la poésie, c'est quand ce n'est plus une langue qui décide de l'écriture, une langue arrêtée, dogmatisée, et qui laisse agir ses structures propres ; mais quand s'affirme au travers de celles-ci, relativisées, littéralement démystifiées, une force en nous plus ancienne que toute langue; une force, notre origine, que j'aime appeler parole."

Yves Bonnefoy
Entretiens sur la Poésie (1990)

Ton espace se recouvre de terre.
La terre, d'infimes feuillages humides.

Hands of Clay ou l'argile des mots, l'absence et l'exaltation

Il est deux sortes de poètes. Je pense tout d'abord à ceux qui recréent à travers la langue et sa vigueur tout ce qui les entoure, des poètes clairvoyants, soucieux de leurs prophéties d'un lendemain exalté. Font partie de ces poètes Walt Whitman, Ruben Darío et le Pablo Neruda du *Canto General*. Mais il est aussi des poètes pour qui la parole est une blessure, la blessure engendrée par la nostalgie, d'une chose lointaine et perdue ou inaccessible. Ces poètes se méfient, dans une certaine mesure, de la parole car elle est inexacte, maladroite, car elle formule non pour dire mais pour taire. Je pense, par exemple, à Alejandra Pizarnik, Paul Celan, Stéphane Mallarmé et bien entendu aux poètes mystiques comme San Juan de la Cruz. Il est évident que ces postures esthétiques correspondent aussi à des tempéraments, des manières d'être au monde, et que toutes deux ne s'excluent pas l'une l'autre car qui exalte la parole occulte la peur de la perte, et qui se méfie de la parole l'adopte pour donner forme à sa poésie. Autant de paradoxes de l'activité poétique qui sont aussi ceux du langage, quelle que soit la langue dans laquelle s'exprime le poète.

Marcia Marques-Rambourg (1976), poète brésilienne d'expression portugaise, française et anglaise, semble osciller entre ces deux postures tout au long de sa création poétique, et notamment dans son dernier recueil de poèmes au titre suggestif: *Hands of Clay*. Composé de trois parties (« Hands », « Uterus » et « The eyes), *Hands of Clay* est le recueil d'un éblouissement répété et rituel face à la réalité. La réalité que le poète transmue en littérature s'écarte dans un ébahissement lucide de ce qui, à force d'être répété, s'est fait convention. Dans ce sens, le travail

Hands of Clay

poétique de Marcia Marques-Rambourg réalise un double objectif : d'un côté, il restitue à la langue son usage non fonctionnel, la dégage par conséquent de toutes traditions et modes, tandis que, d'un autre côté, il s'émerveille toujours et encore de ce qui l'environne. Dans cette dynamique, les éléments tels que la terre, l'eau et l'air participent, par leur concours immédiat ou par l'émulation du poète (du fait que sa voix les convoque comme créateurs) d'un processus d'invention constante, tantôt suggéré : « Ton espace se recouvre de terre./La terre d'infimes feuillages humides », tantôt explicite : « Architectes, tranquilles/Les mains du silence/Façonnent mes pensées solitaires/En terre,/et en contemplations/ Incompréhensibles » (*Silence*). Implicite ou non, le lien avec les éléments met en exergue une autre spécificité revendiquée par la voix poétique : la création de vers, d'images, mais avant tout d'un dire inouï.

Le poète, selon Marcia Marques-Rambourg, n'est ni un être illuminé, ni un être exceptionnel, encore moins quelqu'un de supérieur, il est un ouvrier aux mains maculées de l'argile des mots. « Mer », un des poèmes les plus réussis de l'ouvrage, en témoigne : « Rien de plus beau/De plus manuel/Que la glaise des paroles maternelles ». Un peu plus loin, vers la fin du recueil, on retrouve le lien qui unit les mains et l'argile : « Fragiles,/ Mes yeux sombrent/Dans le marron honnête/De ton regard cru et de tes mains d'argile » (*Or*). Ainsi la terre acquiert-elle la valeur d'une matière à laquelle les mains du poète se chargent de donner forme. Il est ainsi une dimension artisanale dans le labeur poétique, centré sur les mains, métonymie de la création, et leur contact avec la matière. De leur union naît, fugace et lumineux, le poème. Accentuant la dimension manuelle de façon incessante, la voix poétique confère aussi une valeur sociale à ses paroles. Rappelons une des ombres qui parcourent ce recueil, Arthur Rimbaud, qui dans *Mauvais sang* affirmait que « la main à plume vaut la main à charrue ». Le poète, par son travail avec le langage, c'est-à-dire ce que l'être humain a de plus intime, vaut tout autant que quiconque travaillant à la sueur de son front au contact de la terre. Tandis que l'un nous livre le germe des mots, l'autre ouvre la terre pour y chercher la nourriture quotidienne. Entre l'un et l'autre, dans la perspective de Marcia Marques-Rambourg, il n'est déjà plus de différence ni de distance, plutôt une subtile continuité et symétrie.

Toutefois, la poésie est aussi un désir d'origine, la nostalgie d'un temps et d'un espace perdus. Le voyage d'Ulysse serait dépouillé de sa signification profonde s'il n'y avait pas d'Ithaque où l'attendent les siens. Il en va de même avec la voix poétique qui initie un voyage jusqu'aux origines, là où le mot affirme s'être fait mot. Ce profond désir de retour prend la forme d'une nostalgie de ce qui est perdu, surtout de l'enfance, véritable période de lyrisme non exempte d'interrogations. Le ventre, le nombril et avant tout l'utérus acquièrent alors nombre de significations qui rappellent, évidemment, l'origine mais qui constituent surtout une constellation de possibles dans la rencontre amoureuse, l'amitié et la maternité. Alors que la nostalgie du perdu prend forme poétique, le contact humain est là, quelles que soient sa forme et son intensité, pour restituer la possibilité de la rencontre et avec elle de la communication, même s'il est un déséquilibre entre l'expérience vécue et sa formulation: « How could the Poet/Explain this stubborn pain? » (*Woman & son lying on the floor*). Ou encore: « Le poète est un imposteur:/Un peintre payé,/Noyé dans l'amour/Dans le spectre/De l'autre » (*L'âme*).

Le vers libre de Marcia Marques-Rambourg est léger, effleure l'épiderme des choses et du temps sans les dénaturer, en respectant leur silence éloquent. Ceci explique son goût pour l'allitération et les homophonies, source d'une expression éthérée et musicale qui jamais ne perd sa profondeur. Paradoxe de la poésie, l'expression de Marcia Marques-Rambourg joint les contraires pour leur conférer cette transcendance littéraire propre au regard qui reconnaît les opposés non pour les écarter, mais pour leur restituer leur harmonie perdue. Cette harmonie

Hands of Clay

qui est mot, image et son. Tous et chacun à la fois. Ainsi, une fois sa lecture achevée, le lecteur referme le livre avec la nostalgie de ce qui s'est enfui et l'exaltation d'un nouveau commencement. Les vers de *Hands of Clay* ont cette capacité à renouveler le regard par le biais du langage et du monde propre à la poésie véritable, c'est-à-dire celle dont les mains sont maculées de mots.

Félix Terrones

Hands of Clay or the clay of words, absence and exaltation

There are two kinds of poets. I think first of all of those who recreate through language and force everything around them, forseeing poets, conscious of their prophecies of an exalted day. Among these are Walt Whitman, Ruben Darío and Pablo Neruda's *Canto General*. But there are also those poets for whom the word is an injury, the injury caused by the nostalgia of a distant and lost or inaccessible thing. These poets are suspicious, to some extent, of speech, as speech is inaccurate and awkward, because it is intended not to say but to silence. I think, for example, of Alejandra Pizarnik, Paul Celan, Stéphane Mallarmé and of course the mystical poets such as San Juan de la Cruz. Obviously their aesthetic postures correspond to temperaments, to ways of being in the world, and neither excludes the other because those who exalt speech hide the fear of loss, and those wary of speech adopt it to give shape to their poetry. There are many paradoxes of poetic activity which are also those of language, irrespective of the language in which poets express themselves.

Marcia Marques-Rambourg (1976), Brazilian Portuguese, French and English-speaking poet, seems to oscillate between these two postures throughout her work, including in her latest collection of poems with the suggestive title: *Hands of Clay*. Composed in three parts ("Hands," "Uterus" and "The Eyes), *Hands of Clay* is a collection inspired by a repeated, almost ritualistic, scrutiny of reality. The reality that the poet has transformed into poems clearly differs from 'real' reality because, through her, scrutiny has become acceptance. In this sense, Marcia's poems achieve a dual purpose: on the one

Hands of Clay

hand, they restore to language its non-functional use, and thus liberate them from the convention, while, on the other hand their subject matter is enriched. In this dynamic, elements such as land, water and air are involved, either by their proximity and dependence on each other or by the poet's creativity, in a constant process of invention , sometimes suggested, "Ton espace se recouvre de terre./La terre d'infimes feuillages humides", sometimes explicit: "Architectes, tranquilles/Les mains du silence/Façonnent mes pensées solitaires/En terre,/ et en contemplations/ Incompréhensibles" (Silence). Implied or not, the relation with the elements highlights another specific claimed by the poetic voice: the creation of worms and images, but above all of extraordinary speech.

Marcia claims that she is neither enlightened or exceptional, much less superior, she is but a worker whose hands are smeared with the clay of the words. "Mer", one of the most successful poems of the book, appears to echo this: "Rien de plus beau/ De plus manuel/Que la glaise des paroles maternelles". A little farther towards the end of the collection, we find the connection between the hands and the clay:"Fragiles,/ Mes yeux sombrent/ Dans le marron honnête/De ton regard cru et de tes mains d'argile" (gold). Thus clay acquires the value of a material the hands of the poet are responsible for shaping. This means that the poet's view of herself is as an artisan, with her work centred on her hands and their contact with that basic raw material. From their union is born, fleeting and luminous, her poems. Accentuating the manual dimension incessantly, the poets voice also gives social value to her words. We must remember that Arthur Rimbaud is one of the shadows that haunt this collection. In "Mauvais Sang" he asserted that "la main à plume vaut la main à charrue". That is to say, the poet, through his work with the language, is just as valuable as anyone earning a living from the sweat of his brow as he works the land. While one helps words germinate in us, the other opens the land to plant seeds for food. Between the two, according to Marcia, there is no difference or distance, but a subtle continuity and symmetry.

However, poetry also speaks to our desire and nostalgia for lost times and places. The journey of Odysseus would have been meaningless if there was no waiting Ithaca. It is the same with the poetic voice that seeks to journey to that place where the word claims to have made the word. This deep desire takes the form of a nostalgic wish to return to what we have lost, especially in childhood—a non-lyrical time of meaningful questions. The belly, the navel and above all the uterus have many meanings that recall our origins, but they especially remind us of that constellation of possibilities in the areas of romantic encounters, friendships and motherhood. While longing for the lost takes poetic form, the human touch is there, no matter what shape or how intense it is, to restore the possibility of meeting and communicating with the past, even if there is an imbalance between the experience and its formulation: "How Could the Poet / Explain this stubborn bread? "(Woman & her lying on the floor). Or: "Le poète est un imposteur:/ Un peintre payé, / Noyé dans l'amour/ Dans le spectre/ De l'autre" (L'âme).

Marcia's free verse is light, it touches the skin of things and of time without denaturing them, it respects their eloquent silence. This explains her taste for alliteration and homophones as forms of expression and ethereal music that never lose their depth. Her poetic style joins opposites in order to impart literary transcendence to ways of seeing; it does this not to rule them, but to return the lost harmony of words, images and sounds so that they coexist. When the reader finishes this book, they will do so with both renewed nostalgia for things that are lost and the excitement of a new beginning. The poems in *Hands of Clay* have the ability give us a new perspective on language and the world of the true poetry—which is hands smeared with words.

Félix Terrones

Hands

ARTISAN _ Celui qui fait profession de quelques métiers et qui gagne sa vie en travaillant. (Dictionnaire portatif de la langue française, extrait du Grand Dictionnaire, de Pierre Richelet, M.C.,1761).

ARTISAN _ Homme qui exerce un métier, qui fait un travail manuel, comme charpentier, serrurier, etc. (Grand Larousse Universel de 1922).

Márcia Marques-Rambourg

L'huile

La fragilité de l'Homme
M'envahit, m'entoure, me torture

J'aime l'Homme humain
En sont état vieux d'enfant

J'ai peur de l'Homme chose
Destitué de ses particules d'huile
Renversé par sa propre salive
Amère, vile, creuse

J'aime l'Homme bon
L'habitant de la terre blanche.

Mother's hands

These closed pictures
Prisoners of bitter memory
These several pieces
Of paper hands
Are not only
Lonely inhabitants of distant homes
But crashed wrinkly places
Strange geometric forms
That amplify the rhythm of my flesh.

Márcia Marques-Rambourg

Femme voûtée à table

Les épices se mélange à la terre.
La terre mange la femme qui parle ;
      la femme qui cherche les dents de son enfant.
L'asphalte de sa voix retentit dans la scène :
Mère et enfant perforent le verbe compliqué, le besoin et le pain
Et dans l'artisanat de leur geste quotidien,
L'amour met la table
Métaphysique
      Immense :
Et la vie pivote dans des centimètres de terre cuite
Dans la profondeur du regard manuel et tendre d'être-mère.

Décor

Les tissus rugueux de mes yeux
Regardent machinalement
La couleur du paysage
Tandis que la main
De la machine
Défait, parfaite,
L'usage de mon lexique ;
Déconstruit, habile,
Le tiroir rangé
De ma chambre mécanique
Pour me refaire
Verbale
      Imparfaite
Dans la boue et dans le ventre de mon carnet diachronique :

Márcia Marques-Rambourg

Elephants

The elephant has eaten all the seeds of Mankind
Suffered the boring moment of creation
It desired to die
When its community cries

Heading towards the light
Brother and Sister elephants
Stumbled into human legs, arms and heads.

Saw the shadow of foreign spirits.

Destroyed by Man's complex
    -   Idiot dreams,

The elephants now collapsed into Man's elegant
Tiny mindless
Body:

The war's finished now, Brother.

You may die.

Hands of Clay

Note

Les mains de l'homme effleurent les vers du piano.
Le volume de cette danse suave soufflent des graines denses,
      transparentes, comme la voix des anges,
         secrètes et puissantes comme les ailes fragiles de l'esprit
           humain.
Les mains de l'homme travaillent discrètement,
Dans la pauvreté de leurs vieilles rides noires
Dans la minutie des marteaux,
Comme si l'amour s'attachait au béton ;
Comme si je pouvais rester ici : offusquée par la simplicité du Beau
Par les gestes de cet homme humble
Par la peau de sa création intime,
Par la grandeur de cet être clair.

Les mains de l'homme s'imposent à la chair de mon esprit
Comme si toutes les formes de la puissance humaine
      pouvaient commencer
par la genèse de la simplicité.

Márcia Marques-Rambourg

Feuille

Les courbes de la page
Sont saisies
Dans le silence de l'argile
Manipulées
Dans le sens du travail
Dans la patience
De mon corps postfacé
Dans l'horizon
En fer.

Carnet

De trop vouloir
- tout vouloir -
L'on finit par tomber
dans ses propres
ponctuations.

L'on finit par vouloir
L'impossible raison
La joie
Et le terme de la terre déviée.

Márcia Marques-Rambourg

Mer

Rien de plus beau
De plus manuel
Que la glaise des paroles maternelles

Rien de plus profond
Que le visage d'une mère
Qui parcourt le temps naturel
Intacte

Rien de plus lisse
Que la transpiration de ses jours
L'effort de son esprit

Rien de plus normal
Que la douceur phonétique
De la note bilabiale
Tendre et éloquente

De ses mains.

Silence

Le silence
Est fait de mains invisibles

De la chair du temps,
De fleur
D'eau

Architectes, tranquilles
Les mains du silence
Façonnent mes pensées solitaires
En terre,
et en contemplations
Incompréhensibles.

Ma mère avait des mains larges, comme le visage généreux, comme le langage souriant. Des mains en acier, douces, loquaces. Des mains de cuisine, de ciment, de pâte. Elle avait des mains d'attente, des mains d'orage. Des mains dansantes, rapides. Des mains, elle avait, travailleuses de cette terre et de cette treille. De ces grappes et de ce vin lucide. De ce silence et de ce corps unique.

Márcia Marques-Rambourg

Pair

Il m'a faite vivante
Dans l'équilibre du chiffre impair

Intransigeante
Il m'a faite
Claire

Dans la recherche
Minutieuse

Et dans la patience

Des lignes
D'un père.

Hands of Clay

Tentacles

Everything begins with Man's hand
Carrying world's first steps
Looking at thoughts' first wrinkles.

Dressed in mimetic tissues
It builds fertile oceans
Like tentacles issues

Natural evolution
Create then
Extension of
People and sun
And footsteps.

Platonic impossibilities.

Márcia Marques-Rambourg

Work

Land: Why don't you have more sophisticate tools, Hand? You know that bodies and souls need sophisticate construction. You are too simple. Huge things don't work with simplicity.

Hand: Maternity is killing you, Land. I don't want huge things. I want huge men in simple things. Asking me other tools or questioning the interest of richer ones makes your territory become as cruel as death. This is such lack of patience. You are an embryo with human hands, Land.

Land: Human hands can go farther than you.

Hand: That is true. This is what I work for: integration of mankind in hope, in poetry and in foreign lands. And I think you are right when you say their hands can actually go farther than me. They are higher than me. And I am higher than you. How far is farther to you, Land?

Land: Farther is relative. It is relative, and it establishes the difference between two bodies. "Mer" is farther than "Carnet", for example. It paints a large unspeakable horizon. "Mother's hand" is as far as "Elephant" as they both put body in a higher reflection. I like "Décor" and you when you draw distant places to form me; large paths and big illusions.

Hand: Tu es gourmande, Land.
Je parle de ta propre chair. De ton propre matériau d'existence. Prenons, donc, "Feuille", par exemple. N'est-ce pas un horizon

Hands of Clay

ample, une terre fertile ? La terre non-dite est le propre de toi, Land. Puisque tu vis dans la création humaine.

Land : Yes, I live in human imaginary and I need complex hands. How about great memories? I am also made of memories. Rivers are made of memory. Of human experience; of deep territories. Rivers can move human's eyes, they can give me birth. They can make me bigger! You have not written about rivers... Not even a little one; not even have taken their images... How could you finish this section without painting, for example, the eyes of a river, Hand?

Hand: It does not depend on me, Land. I love rivers. I have already taken millions of them with me...I love their silent snaky water... I love their patience. But they did not want to appear so far.
Your are not patient. Large rivers are beautiful and I know you need to travel. But travelling is patience.
 Don't you think spaces, lands, territories cannot exist if Man's eyes and body and spirit don't see them patiently? How far is "far" to Man depends on how far he wants to walk, Land. How many lands (and rivers!) he wants to touch.
Man is capable of complex building. Don't care about how much rich material you need to exist, Land. You cannot live outside oil or clay or blood or wine. You need simple tools to exist. Simple tools are rich lands.
"J'ai plus de souvenirs que si j'avais mille ans". This is your river, Land.

Márcia Marques-Rambourg

River

They call me
River
But I am the tree
The sea and the sand

The instant
The second, I am
Fragmental time

Impossible speeding paths
Ordinary hitting glass

They call me
Tree
And sea and sand

But I am
Just a clever
Imaginary land

Uterus

Car l'Amour
Le Bien
Et le Mal
Demeurent dans le Ventre.

Márcia Marques-Rambourg

Woman & son lying on the floor

She walks towards the hole
Hope and despair coexist in her mind
Recognizes two or three bodies
Lying on the truck

How could the Poet
Explain this stubborn pain?

How can the Beholder
    (stuck in his veins)
Draw immeasurable drains?

The one that softly kills
The one that gently carries
Women and children?

How can the Holly Mind
Allow body and hands, and eyes and landscapes
Be strangely common inhabitants of Man?

Feuilles

My hands are dirty of Love
Must see them:
Wonderful scattered drops of
Images
And leaves of Humanity.

Márcia Marques-Rambourg

Viscères

Le Poète
Parle de l'intérieur de l'Homme
Vit dans les entrailles du langage
Il est une femme accoucheuse, souffrante
Il se meut
Il se meurt
Il se teint
De la douleur du Beau

Le Poète
Est un Frère de Lumière
Albatros flâneur incapable de voler

Il est l'aube brûlée par le soleil
    Car
    Cet ouvrier infatigable
    Aime
    Et pleure
    Les horreurs du Monde
    Se meurt – solitaire, imposteur & passeur

    Dans les ailes de l'oiseau fragile
    Il mange les viscères, les déserts & les malheurs :
Il mange son prochain.

Hands of Clay

Le temps manuel

je t'attends
le corps ouvert
dans la lumière
de cette ville
ensoleillée à minuit;
sous les ailes brumeuses
de cette ville mienne,
natale, distraite
je t'attends sans pouls
j'entends l'aura de ta gorge bavarde;
tu m'attends, je le sais, je le sens
      je l'entends

           j'entends le pouls de ton corps
           de tes mains que je sais :

musicales.

Márcia Marques-Rambourg

L'amour humain est si humain

Le tableau s'est décomposé
L'arbre absorbé,
S'est fragmenté en blanc

Mon ventre s'est fracturé
Tant il a mangé en vain
A rêvé inerte
Comme la folie qui éclaircit
Mon besoin de pain.
Tu as choisi
Le chemin le plus lisse
Le décor le plus léger
L'écrin fermé, étroit, étreint
Tu as détruit
Le manque de moi
L'acidité de nos caresses
Passagères.

De nos baisers,
Tu as le souvenir
Le plus vivant, le plus
Mordant
Qui te pousse
À me repousser sagement.

Amour, je t'ai vaincu !

Nous nous sommes
Tant
De fois trompés
Affreusement sculptés
Dans l'illigitimité abondante de
Nos pensées
Tant de fois
Déchirés par la décomposition
De nos vers raisonnés
Adieu,
Créature adorée
Ciselée
Par mes bras puérils,
Respectée par mon silence tentaculaire
Doux amant,
Être rempant
Tant de fois noyé.

Dans mes pages rouges, inouïes
Parfois vives
Violentées par tes yeux morts
Je t'expurge
De ma propre obscurité récurrente.

Márcia Marques-Rambourg

De trop

Elle a vu son marteau tomber ;
solitaire,
Elle a vu sa maison s'éteindre
comme la lumière
des jours simples.

[Comme un souffle simple]

Ce matin,
le ciel est tombé
de mes yeux mouillés, comme tous les matins
cette figure opaque que j'ai aimée
encore cette nuit
que j'ai adorée
encore cette nuit brisée
j'aimerai encore toute ma vie

Mes mains, posées sur son torse,
sur le corps que j'aime,
sur le corps, le seul que j'aie aimé
jusqu'à l'impossible, je les vois s'étreindre :
"repose-toi, Amour : tu as autant marché que moi".

Et lorsque je croise son cri d'amant
Lorsque ma poitrine tombe de mon corps
je te dis à tout jamais

avec la fatigue des mains ouvrières :

Te amo.

Les plaisirs de la fin

Elle entre dans l'antre
Calme, fort
De mon silence :
Comme la porte force mon corps
Danse, dense,
Sur les lignes de mon orgasme
Fin
Caresse ma bouche
Avide, vile, souffrante
S'allonge, suave,
À côté de ma conscience
Pressant le pas de mon temps
Me soulage, m'étouffe
Les jambes
La musique frissonante de mes jours d'absence.

Márcia Marques-Rambourg

Absence

Dans le bateau
à la dérive

j'enivre mon absinthe absent
mon poète
d'antan

je berce mes piètres pierres vives
qui clapotent dans mon rêve de vagues

Et ma voix
chaude et inaccomplie
impossible et irréelle

S'endort affaiblie
au-dessus de sa terre.

Dans le ventre de la mémoire

La mémoire intacte de nos baisers
active le miroir de nos corps
inaptes et absents

Peaufine le dessin fébrile
de la mémoire
noire des spirales cassées.
L'homme respire fragile

Dans le ventre de la nuit
Expire l'amour citrique
Et la condensation rapide
De sa chambre vide.

Revoit les étapes de la ligne
De l'horizon
Unique,

Dans la maison, dans la cabane, dans le centre de tout :

Dans mon Corps,
Mon ventre.

Márcia Marques-Rambourg

Mes villes

Je vois, Amour, dans nos villes idéales
Des jambes, les nôtres, nos baisers ivres devant l'azur perché.

Hier est une ville.
C'était hier. Te souviens-tu, Amour?

Cette faim des gens, des briques, des mots, nos mots, des
    milliers!, des rires, "enivrez-vous"
Cher semblable, enivrez-vous d'amour!

Et puis cette poésie, cet amour solide &venteux, cette danse
    aveugle, horizon délicieux.

Cette Ville à nous, cette douce mère, grise, sur nos corps
    nus, à nous.

Ce paysage mien, nôtre, sauvage, vu, vécu, tant de fois revu, ici.

Tu es Ici,

mon Amour.

Son

Cette lueur opaque
cette dextérité conventionnelle
Tes mains voilées
de terre et de racines promeneuses.

Je suis en ton lieu
Cet embarquement impossible:
À me fusionner avec tes mains
d'artisan, délicates,
À me cacher sous l'eau
d'un ruisseau statistique.

À marcher des pas tiens
sous le sable, ineffaçables.

À Arzon, vi.viii

Márcia Marques-Rambourg

Ligne

Amour, saudade, perte
Précipice lent.

Mère, tu es partie hier
En même temps
Que le Mal.

Tu m'avais dit, il est vrai,
Que la vie est généreuse,
Que le vent est frais

Tu m'avais portée tant de fois
Mère, dans tes bras
arrondis de vers,
M'avait tant de fois dit,
« cette mer,
cette eau, elle est claire . »

Prends mes lignes dans tes bras,
Mère,
Chante-moi une chanson qui efface
La cicatrice de ma peine
Les pas de la perte

Marche, Mère,
Marche avec moi,
Sur les ailes de notre maison
Éternelle

Hands of Clay

Car sur ce sable marqué
Il est tes pas discrets, légers
Ta voix,
Les notes de ton corps

Dans les lignes
Droites de ma vie solitaire ;

Ma naissance.

Márcia Marques-Rambourg

White room

Silent hands made me return
From the noise of my existence

Silent voice
Whispered delicate notes

To the calm boat
To the calm moon

Of my birth room.

Parce que c'est un Monde

Je crois

    que ma cicatrice est née avant moi,
    avant mes mots

    Elle est née de cette peau
    qui précède le corps :
    Née pour me donner un corps
    Un corps différent,
    marqué par la presque-mort,
    mûr, voyant:
    marqué par le tort
    par la douleur

    De la mort

    De la Femme

        – De la femme que j'aime

    Ma cicatrice
    au cou
    m'a donné
    des coups forts
    & souples

    Un ventre ouvert à la beauté possible

    Un accouchement du Monde

Márcia Marques-Rambourg

Elle m'a donnée à un vieillard
qui voit grand
les horreurs de l'Homme

Et qui voit, par les mêmes télescopes,

L'immense irrationnelle

Perspective du Sort.

Memory of scars

I need time to observe the floating color of my life

I need scars to float on the delicate flowers of time

Life is here:

My scars touches Here

They need waves
They need arms

To wake me from the gold of no-time

Márcia Marques-Rambourg

La route

J'ai rêvé que tu faisais partie d'un rêve.

Et que nos chemins se croisaient dans la construction
Et dans la fondation d'un territoire.
      –   Tu étais dans ce territoire.
Je ne saurais jamais l'expliquer.

Je ne vais jamais l'expliquer:
Tu es mon territoire.

Hands of Clay

L'ouïe

Such beauty
Such magnificent change

When Music breaks into one's land
When sound draws one's love

To exist
To be born

Behind the rain.

Márcia Marques-Rambourg

Ventre

Amor incansável
Desperto, torto
Miragem sonora
Beijo louco!

Oh viagem instável!
Oh pedra da vida!

Deixa-me nadar
Nas asas do Homem

Deixa-me rezar
As letras do Anjo

Amor indomável
Incerto, soco

Que a vida deu a mim
Que a Beleza concertou
Que o céu gritou :
Sopro !

Deixa-me andar

Nos cabelos do tronco
Cuidar do ar
Cuidar da dor

Não posso ir
Além de mim

Hands of Clay

Não posso ver
Além do sim

Amor amoroso
Rio das perdas

Amor fingidor

Água incerta

Vem!

Plantar
A noite

sem fim.

Márcia Marques-Rambourg

Love is a wall

Dreaming
Breathing your skin
I keep walking in the city

Our city has one house

Lovely asphalt
Covers our prayers

Begging reality
To push the limits
Off our walls.

Hands of Clay

Musique seule

Elle effleure la seconde
Du son
La note métallique
La peau grave
Du piano
Une note obscure.

Elle ferme les yeux
Pour voir le silence
La force constante des notes

Allongée sur ses couleurs

Elle l'aime, elle ment.

The eyes

« Autrui est plus haut que moi et plus pauvre que moi. »

E. Levinas

Márcia Marques-Rambourg

Autre

Mon corps est un Autre
Persécuté par le parfum
& par le visage du Monde,

Mon corps est un Autre
Axé dans la décomposition du solide
Planté dans la terre suspendue,

Mon corps est dans l'Autre
Pénétré par le désir de la vie du vide
Crispé par l'impossible d'être un autre,

Mon corps est à l'Autre.

The Photographer

The man is sitting right here
In front of my dark seeing

Stuck in invisible
Spinning images in my mind

The photographer
Is right here:

Creating eyes with clay
Walking in intimate grace

The poet
Is right

Over my paper life.

Márcia Marques-Rambourg

L'habitant de l'Arbre

Ses yeux sont assis,

L'habitant de l'Arbre
Rêve d'oiseaux ;
Il cherche l'étoile
Figée dans la terre :
Ses yeux fragiles, calmes,
Recouvrent le ciel de racines intemporelles.

De l'arbre qu'il vient de finir,
L'habitant extrait la feuille,
Le vers et l'os du métal ;
Et parcourt, isolé,
L'immensité du canal

Mais il veut s'envoler
Dans le paysage,
Transformer sa terre en pays
(Un pays d'arbres)
Qui s'élargit ainsi,

fragmenté, mais solide,
en territoire-Arbre

pour qu'il reste assis, ici.

Hands of Clay

L'enfant qui passe

Les lignes de mon horizon changent au passage de cet enfant.

Voyant l'arrivée de l'orée verdâtre, naissante,
    Des paysages inconnus ;
    D'anciens paysages,
L'enfant dessine ses yeux dans le monde.

Emerveillé devant le vert des arbres
Souriant aux corps étrangers, déjà noirs et aigres,
L'enfant vit seul dans une blancheur sonore.

Accroché au dos de son père, sur des épaules rigides,
L'enfant voit l'espace las
Se mélanger étrange à la forêt de gens qui passent

Dans l'abîme luisant de la perception
    et des relations du Monde,

Les yeux de cet homme-enfant construisent les mathématiques
    des lignes ;
S'enchantent en la présence de l'Autre, aimant l'Autre, habitant
    l'Autre.

    Quand perd-on cet instant d'amour libre, volontaire,
        adressé ?
    Quelle est la seconde exacte de l'abandon du visage
        étranger ?

Les mains merveilleuses de cet enfant ont reconstruit les
    lignes de mon horizon déjà trop refait...

Márcia Marques-Rambourg

(Il ne sait pas encore que le réel est autre, et que mes lignes furent jadis des blancs verdâtres)
Il insiste à me sourire, à moi seule, avant de disparaître dans le paysage.
Comme s'il me savait le redessiner aujourd'hui, sur cette forêt animée, logée dans la mémoire de la page.

Paysage

Ma parole clapote
Dans l'espace vu
Et dans l'espace voyant,
Regarde, à son tour,
Mes années pressées
Inconnues.

Márcia Marques-Rambourg

Or

Tactiles,
Mes doigts te montrent
Mes yeux liquides.

Fragiles,
Mes yeux sombrent
Dans le marron honnête

De ton regard cru et de tes mains d'argile.

Hands of Clay

Skin

She touched the skin of the painting
As if
She could remodel the sight of her mind.

She canceled the hours
Stopped the train

As if

She could change
The skin of his voice

Life is silent painting.

Márcia Marques-Rambourg

L'âme

L'âme du poète est une
Lame solitaire
Un pays mystérieux

Ses mots sont un autrui
Taciturne
De Mémoire tactile

Le poète est un imposteur :

Un peintre payé,

Noyé dans l'amour
Dans le spectre
De l'Autre.

Expression

Il habite un endroit au-dessus de ma tête
Ou au-delà de mes corps.

L'Autre vit dans la sphère de sable
Que je ne puis voir qu'avec des yeux surpuissants
De pragmatisme inexistant

Avec ces fenêtres qui ne peuvent être
Que l'expression
Et l'impression
De mon cadre.

Márcia Marques-Rambourg

Forgive me

Woman,

Forgive me

Because I love you

Forgive me, peace

Because I owe you

Peace.

Point de fuite

Je suis passée hier :

Tu étais là
A regarder tes ailes broyées
A tousser ta mort brûlée
A survivre aux secondes coupantes
Dans ton désamour
Dans l'obscurité
Dans l'ombre que tu as créée

Je suis passé hier :

Pour te dire
Des non-dits
Pour te souffler à l'oreille pour t'attraper la raison
Pour te remuer pour te secouer pour t'observer m'aimer

Il y a quelques secondes

Mais tu es restée hier.

Márcia Marques-Rambourg

Train

Like a complex human line
Children are sitting together
On the train
I see them smile at foreigners
They don't know yet
What higher men are made of
But they keep catching my eyes
Drawing happy pure lines on their mouths
As if I could not, like them,
Spot the beginning of man's decline.

Sel

Je suis le rythme des paysages lointains;
Ici
Le temps scandé dévoile
la cadence
des mots
d'un souvenir azur

Je marche en Bretagne
dans un wagon gris, dans un temps argenté, vieux, triste;

J'entends les bruits de Bretagne, plongée dans sa marche
 calme, généreuse ;
Dans son sol dur, doux, chargé ; dans son ciel souple, sucré
Je parle à ses enfants-feuilles, pleins de pages,
Remplis de rides, d'eau douce, de nuages,
Et y vois le relief d'un paysage inaugural :

Dans les bras de la Bretagne,
D'un azur d'infinie étendue ,
Je vois les mains de Brest,
Le béton bavard , le ventre calme d'une vieille femme inerte

Je vois des membres acides, métalliques, gris
De sublimes pieds de mer, d'amour corporifié,
incarné en mémoire
En des toiles peintes en fer.

J'y vois des scènes d'amour
 De vaillants amants

Márcia Marques-Rambourg

Attachés, libres
Je vois un territoire ouvert, au vent , tel un long escalier
        calme, rampant.
Je vois, au loin, ici,
Longtemps
Des larmes
De l'eau acide sur mon visage
La douleur d'un amour mosaïque
Enveloppée par l'eau bretonne
Dure, salée, pure
Les bras tombants de mon amant
Je vois
Mes caresses paresseuses, bretonnes
Vivantes

Je me vois courir en Bretagne
Me promener dans l'ombre de mon visage clair
Dans l'onde qui me recouvre de peur
Et de douceur
De la douceur impossible d'aimer.

Hands of Clay

This is not just a photograph

A land
A body
The aura of flowers
Still pain.

This is not just a picture

A woman
Her child
Arms and landscapes

This is what impressively
Moves the bones
Of my hands

This is melting constructing lines.

Márcia Marques-Rambourg

Terre fuyante

Je regardai ainsi les routes nocturnes
Pressées
Sortant, fuyant ! la ville orageuse
Regagnant l'espace
De la pièce centrale
Voyant ma vie d'antan
Arriver au milieu de la rue
Ecrasée.

Revint alors cette magnifique couleur de terre
près de nos mains
près de mon corps
  - allongée sur ce toit tombant
tout près de la terre

Dessiné, près de mon cou,
ce souffle chaud:

tu as vu toute cette neige ?

Child

In my ears
Music is placed behind the scene:
I see
My son
Running on the sand, playing with the sun
Speaking whispering sweetness in my ears
Music dances with grace
And the silent secret forests
Open my path:
Love is on my way, smiling
Alive,
At the poetic open page.

Márcia Marques-Rambourg

Enveloppe

La route est faite d'enveloppes
Remplies par l'encre des peines & des amours

Froissée par la liberté des ailes humaines
Chantée par la lecture de la musique assonante

La route est lue libre
Sans ciel tombant :

Juste l'Homme
Et rien autour.

Hands of Clay

"(...) Vladimir:
Let us not waste our time in idle discourse! Let us do something while we have the chance! It is not every day that we are needed. Not indeed that we personally are needed. Others would meet the case equally well, if not better. To all mankind they were addressed, those cries for help still ringing in our ears! But at this place, at this moment of time, all mankind is us, whether we like it or not. Let us make the most of it, before it is too late! Let us represent worthily for once the foul brood to which a cruel fate consigned us!"

Samuel Beckett, *Waiting for Godot*

www.ingramcontent.com/pod-product-compliance
Lightning Source LLC
LaVergne TN
LVHW041549070426
835507LV00011B/999